맛있는 요리책 Cook&Cook 시리즈 Vol.10

KB250749

"냉장고 속 재료
로 만드는
반찬&요리"

맛있는 요리책 Cook&Cook 시리즈 Vol.10

"냉장고 속 재료로 만드는 반찬&요리"

초판 발행 2015년 05월 20일
발행인 **김진용** / 발행처 **(주)지원출판**
편집 **이슬비** / 제작책임 **윤미경** / 마케팅 책임 **이흥연**
콘텐츠 제공 **29MEDIA**

도서, 마케팅 문의 전화 031-941-4474 / 팩스 0303-0942-4474
주소 경기도 파주시 탄현면 웅지로 110번길 71 / 등록번호 406-2008-000040호
홈페이지 www.jiwonbook.com

CONTENTS

냉장고, 2배로 넓게 사용해요!

급속 냉동칸은 어떤 재료든지 급속 냉동시킨 뒤 아래칸으로 이동시켜 보관하면 좋다. 냉동시키는 시간이 짧을수록 신선도가 높아진다. 냉동칸에는 생선이나 육류, 밀가루 등의 가루 식품, 빵, 밥, 아이스크림 등을 수납한다. 냉동실 문쪽은 냉기가 덜 느껴지기 때문에 김이나 미역 등 말린 식품이나 버터 등 유제품을 수납하고, 신선실은 금방 먹을 수 있는 식품, 가장 쉽게 상하는 식품을 넣어둔다. 냉동실에 넣어둔 고기, 생선을 해동할 때는 신선실을 이용한다. 육류나 생선, 햄, 소시지, 어묵 등의 가공식품, 유산균 음료를 수납한다. 냉장실 위 칸은 먹다 남은 음식, 밑반찬을 주로 넣어두면 좋다. 냉장실 채소칸은 김치류, 복숭아, 사과, 배 등의 단단한 과일과 딸기, 토마토 등의 제철 과일 그리고 간장, 된장 등의 장류를 넣어두기에 적합하다. 냉장실 문 쪽은 통조림, 토마토케첩이나 마요네즈, 우유 등의 가벼운 것을 수납하고, 아래 칸은 병류나 주스류 등 무거운 것 위주로 수납한다.

냉동실 생선, 육류, 밀가루 등을 수납한다.

냉동실 문 쪽 김, 미역, 버터 등을 수납한다.

냉장실 위 칸 밑반찬을 차곡차곡 정리하여 수납한다.

냉장실 채소칸 한쪽에는 채소와 과일, 다른 한쪽에는 고추장, 된장 등 장류를 수납한다.

냉장실 문 쪽 달걀, 우유, 마요네즈, 주스 등을 차례대로 수납한다.

idea 1 | 냉동실 수납은 길쭉한 통을 이용해요!
길쭉한 플라스틱 통이 없을 경우에는 1000ml 우유팩을 눕혀놓고, 윗면을 잘라낸 뒤 사용해도 좋다. 여러 개를 준비하여 냉동실을 정리하면 편하다.

idea 2 | 우유팩을 이용, 채소 칸을 나누어요!
세워서 보관하면 좋을 파나 잎채소들은 우유팩을 이용하여 세워둔다. 냉장고 채소 칸에 우유팩을 빽빽이 채워서 파, 마늘, 마늘 종, 무, 호박 등을 찾아서 사용하기에 쉽도록 넣어둔다.

idea 3 | 세워서 보관할 때는 페트병이 좋아요!
페트병의 윗부분을 자른 뒤 케첩이나 마요네즈 등을 거꾸로 세워서 알뜰하게 사용한다. 자른 윗변은 비닐테이프르 붙여 손이 베지 않도록 마무리한다.

idea 4 | 육류는 지퍼백에 넣어놓아요!
육류는 쇠고기인지 돼지고기인지, 국거리인지, 언제 구입했는지를 반드시 표시해 둔다. 먼저 사온 것부터 찾아서 사용할 수 있도록 지퍼백에 넣은 뒤 이름과 날짜를 정확하게 적어 놓는다.

idea 5 | 곡류, 가루류는 분유통을 이용해요!
곡류나 가루류를 수납하는 데 분유통을 활용하면 매우 편리하다. 표면을 사용하고 남은 시트지로 감아서 보기 좋게 만든 다음, 내용물의 이름을 붙여준다.

idea 6 | 들기름, 간장류는 우유팩을 이용해요!
들기름과 간장을 냉장고에 보관하다 보면 기름기나 까만 국물이 흘러나오기 쉽다. 이를 깨끗하게 보관하기 위해 우유팩의 윗부분은 잘라버린 뒤 사용하고, 시트지를 감아 깨끗하게 보관한다.

idea 7 | 단단하지 않은 과일은 밀폐용기를!
금방 먹을 딸기나 토마토 등은 구입한 즉시 물에 씻어 밀폐용기에 담아 냉장고 한켠에 쌓아둔다. 그러면 먹을 때 편할 뿐 아니라 물러지거나 상하는 일을 줄일 수 있다.

idea 8 | 견과류는 냉동실에 보관해요!
상온에 두면 절은 냄새가 나기 쉬운 견과류는 밀폐용기에 넣어 냉동 보관한다. 개봉한 상태라면 밀폐용기에 담아 뚜껑을 꼭 닫아 보관하도록 하고, 개봉하지 않은 상태라면 그대로 냉동보관한다.

idea 9 | 약은 바구니를 이용해요!
차게 보관해야 하는 안약이나 좌약 등은 냉장고에 보관한다. 이런 약품의 경우 기온이 올라가면 녹기 쉽고, 또 냉장고에 그냥 넣어두면 변질될 수 있으므로 바구니를 마련하여 보관한다.

idea 10 | 냉장고 한쪽은 항상 비워두어요!
냉장고 아래칸은 항상 비워둔다. 새로 재료를 사서 보관할 장소를 남겨두어야 정리된 냉장고가 흐트러지지 않는다.

감자크림치즈오븐구이

_ 4인분

재료와 분량
감자 4개
카스텔라 1개
슬라이스치즈 2장
실파 2~3줄기

소스
크림치즈 8큰술
다진 마늘 1작은술
우유 1컵
소금 · 후춧가루 약간씩

이렇게 만들어요

1 감자는 큰 것으로 골라서 솔을 사용해 껍질째 깨끗하게 씻어서 냄비에 물을 붓고 삶는다.

2 감자를 꼬치로 찔러서 반 정도 익었을 때 꺼내서 식힌다.

3 ②의 감자를 통째로 호일로 잘 싸서 170℃ 온도의 오븐에 넣어서 20분 정도 굽는다.

4 프라이팬에 우유를 넣고 크림치즈를 넣은 다음 나무주걱으로 잘 저어가며 끓인다.

5 ④에 마늘 다진 것을 넣고 살짝 끓이면서 향을 낸다.

6 ⑤에 소금과 후춧가루로 간을 하여 소스를 만든다.

7 ③의 감자를 꺼내서 호일을 반 정도 벗긴 다음 윗면을 반으로 잘라서 벌린다.

8 ⑦에 카스텔라를 작게 잘라서 넣고, 위에 ⑥의 소스를 듬뿍 얹은 다음 실파를 송송 썰어 올린다.

9 슬라이스치즈를 길쭉하게 썰어서 ⑧위에 보기 좋게 얹는다.

Cooking Tip
프라이팬에 우유 1컵을 넣고 크림치즈를 넣은 다음, 나무주걱을 이용해 바닥에 눌러붙지 않도록 저어가며 끓인다.

요구르트소스포테이토샐러드

_ 4인분

재료와 분량
감자 4개
양파 1/2개
식초 2큰술
설탕 2작은술
파슬리 2~3줄기
레몬즙 1큰술
플레인요구르트 4큰술
소금 · 후춧가루 약간씩

이렇게 만들어요

1 감자는 껍질을 벗겨 사방 2cm 크기로 네모나게 썰어서 물에 한 번 씻은 후 냄비에 담고 삶는다.

2 ①의 감자가 다 익으면 삶은 물을 따라내고 불에 올려서 분이 나도록 흔들어가며 익힌다.

3 파슬리는 다져서 물에 한 번 헹군 다음 면보에 싸서 물기를 제거한다.

4 양파는 잘게 다져 준비한다.

5 볼에 플레인요구르트를 담고 설탕을 넣는다. 설탕이 녹을 때까지 고루 섞는다.

6 ⑤에 양파와 다진 파슬리를 넣고 식초와 레몬즙을 넣은 후 다시 잘 섞는다.

7 ⑥에 익힌 감자를 넣고 살살 잘 버무린 다음 소금과 후춧가루를 넣어 간을 해 마무리한다.

1~2 감자가 익으면 삶은 물을 따라내고 분이 나도록 냄비를 앞뒤로 흔들어가며 충분히 익힌다.
3~4 파슬리는 잘게 다져서 물에 담가 헹군 다음 면보에 싸서 꼭 짜 물기를 제거한다.

series 10 · anything you have refrigerator · cook&cook series 10 · anything you have refrigerator · cook&cook series 10 · any

9

감자냉수프

_ 4인분

재료와 분량

감자 4개
대파 2대
양파 1/2개
셀러리 2줄기
버터 1큰술
물 3컵
우유 1/4컵
생크림 1/4컵
소금 1/3작은술
후춧가루 · 콘플레이크 약간

이렇게 만들어요

1 감자는 얄팍하게 썰어서 물에 10분 정도 담가둔다.

2 대파는 동글게 썰고 양파는 채를 썬다. 셀러리는 5cm 길이로 썬다.

3 냄비에 버터를 두르고 대파와 양파를 넣어서 잘 볶다가 무르게 익으면 감자를 넣어서 잘 볶는다.

4 감자에 기름기가 돌면 물을 붓고 소금과 후춧가루를 뿌려서 간을 한 뒤 감자가 무르도록 삶다가 셀러리를 넣고 같이 끓인다.

5 감자가 익으면 식혀서 믹서에 간다.

6 ⑤를 체에 걸러서 볼에 담고 우유와 생크림을 넣어서 잘 섞는다. 간이 부족하면 소금을 넣는다.

7 차게 해서 그릇에 담고 콘플레이크를 약간 뿌려서 낸다.

1 냄비에 버터를 두르고 대파와 양파, 감자를 넣어서 볶다가 물을 붓고 간을 한 뒤 감자가 무르도록 삶는다. 셀러리를 넣고 같이 끓인다. 2 감자가 익으면 식혀서 믹서에 간 뒤 체에 걸러서 볼에 담고 우유와 생크림을 섞는다.

series 10 · anything you have refrigerator · cook&cook · cook&cook series 10 · anything you have refrigerator · cook&cook series 10 · any

11

고구마치즈샐러드

_ 4인분

재료와 분량
고구마 1개
튀김기름 적당량
다진 땅콩 2큰술
샐러드용 야채 200g

크림치즈드레싱
크림치즈 4큰술
플레인요구르트 80ml
레몬즙 1큰술
설탕 1작은술

이렇게 만들어요

1 고구마는 2cm 크기로 네모지게 잘라 찬물에 담가 전분 기를 제거해 준다.

2 ①의 고구마의 수분을 제거해 주고 170℃ 온도의 기름에 노릇하게 튀겨 낸다.

3 드레싱은 분량대로 섞어 준비하고 샐러드용 야채는 먹기 좋은 크기로 자른다.

4 볼에 샐러드 야채, 튀긴 고구마와 다진 땅콩을 담고 드레싱을 뿌려 낸다.

1 고구마는 물에 담가 전분기를 빼고 갈변을 방지해 준다. **2** 키친타월에 올려 고구마의 수분을 제거한 뒤 튀긴다.

series 10 · anything you have refrigerator · cook&cook · cook&cook · refrigerator have you anything · cook&cook series 10 · any

13

감자전 _ 4인분

재료와 분량

감자 3개
양파 1/2개
달걀 1개
녹말가루 3큰술
다진 파슬리 · 소금 · 식용유
약간씩

양념 간장

간장 2큰술
설탕 1/2큰술
깨소금 1작은술
참기름 1작은술
고춧가루 1/2큰술
실파 1큰술

이렇게 만들어요

1 감자는 껍질을 벗기고 강판에 갈아 준비한다. 양파도 강판에 갈아 준비한다.

2 준비한 양파와 감자에 달걀과 녹말가루를 넣고 소금 간하여 고루 섞는다.

3 기름 두른 팬에 한 국자씩 넣는다. 다진 파슬리를 얹고 앞뒤로 노릇하게 지진다.

4 분량의 재료를 섞어 양념 간장을 만든다.

5 감자전을 접시에 담고 양념 간장을 곁들인다.

cook&cook · anything you have refrigerator · cook&cook series 10 · cook&cook · anything you have refrigerator · anything you have refrigerator · cook&cook series 10 · any

14

감자볶음 _ 4인분

재료와 분량

감자 1개
당근 1/4개
피망 1/2개
양파 1/4개
다진 마늘 1큰술
소금 약간
깨소금 1작은술
식용유 약간

이렇게 만들어요

1 감자는 껍질을 벗기고, 채 썰어서 잠시 물에 담가두었다가 물기를 빼서 준비한다.

2 당근과 피망도 깨끗이 씻은 후에 채 썬다.

3 팬에 기름을 두르고 달군 다음 마늘을 넣고 당근과 함께 볶는다.

4 볶으면서 감자와 양파를 넣는다. 익으면 피망을 넣는다.

5 마지막에 깨소금을 넣고 소금으로 간을 한다.

Cooking Tip

감자의 껍질을 벗긴 후에는 바로 물에 담그도록 한다. 감자의 변색을 막을 수 있고 특유의 아린 맛도 제거할 수 있다. 감자의 눈이나 햇빛을 쏘인 부분에는 솔라닌이라는 독소가 들어 있으므로 녹색으로 변한 속과 눈 자국은 반드시 도려내고 조리해야 한다.

cook&cook · cook&cook series 10 · anything you have refrigerator · cook&cook series 10 · anything you have refrigerator · cook&cook

15

알감자조림 _ 4인분

재료와 분량
알감자 200g
실고추 약간

조림장
진간장 2큰술
물엿 2큰술
다진 마늘 1/2큰술
통깨 1작은술
물 2컵

이렇게 만들어요

1 알감자는 신선한 것을 고른다.

2 알감자는 껍질째 조리하기 때문에 껍질을 깨끗이 씻어야 한다.

3 냄비에 기름을 두르고 뜨거워지면 알감자를 넣어 볶는다.

4 어느 정도 익으면 물 1컵을 붓고 조림장을 넣는다.

5 약한 불에서 서서히 조린다.

6 간이 고루 배고 윤기가 나게 조려지면 마지막에 통깨를 뿌려 낸다.

series 10 · anything you have refrigerator · cook&cook · cook&cook series 10 · anything you have refrigerator · cook&cook series 10 · any

16

고구마야채 조림
_ 4인분

재료와 분량

고구마 150g
피망 1/2개
마른 표고버섯 2개
양파 · 당근 50g씩
닭고기 50g
(간장 1작은술, 생강즙 약간
맛술 1큰술)
간장 2큰술
설탕 · 맛술 1큰술씩

이렇게 만들어요

1 고구마는 씻어 삼각형으로 썰고, 피망은 반을 갈라 씨를 제거한 후 사방 1cm 크기로 썰고, 양파도 같은 크기로 썬다.

2 당근은 꽃모양틀로 찍어 준비한다.

3 표고는 물에 불린 후 기둥을 떼어내고 피망과 같은 크기로 썬다.

4 닭고기는 썰어 양념에 잰 다음 볶는다.

5 ④가 익으면 준비한 채소 재료를 넣고 물을 부은 후 간장, 설탕, 맛술을 넣고 조린다.

6 마지막에 피망을 넣고 조려 완성한다.

단호박소보루조림
_ 4인분

재료와 분량

닭고기 다진 것 150g
단호박 600g
청주 1/2컵
설탕 3큰술
간장 3큰술
물 2컵

이렇게 만들어요

1 단호박은 반으로 잘라서 깨끗하게 씻은 후 물기를 없애고 3cm 각으로 썬다.

2 닭고기는 살코기로 준비해서 다진다.

3 냄비에 닭고기와 청주를 넣고 끓이다가 닭고기가 어느 정도 익으면 물을 넣어서 끓인다. 이때 생기는 거품은 걷어낸다.

4 끓으면 불을 약하게 줄인 다음 단호박을 넣어서 끓인다.

5 ④에 설탕과 간장을 넣어서 10분 정도 끓인 후 불을 끄고 그릇에 담아낸다.

Cooking Tip

단호박은 껍질이 두껍고 단단해서 자르는 데 요령이 필요하다. 반으로 자른 다음 씨를 빼고, 엎어놓은 상태로 잘라야 움직이지 않는다. 자를 때는 칼등에 왼쪽 손을 대고 수직으로 힘을 주어 칼날이 호박 속에 고정되면 자르기 시작한다. 자르기 힘들면 반 자른 상태에서 전자레인지에 1~2분 익힌 다음 자른다.

cook&cook · cook&cook · anything you have refrigerator · cook&cook series 10 · anything you have refrigerator · cook&cook

19

쥬키니갈릭마리네
_4인분

재료와 분량

쥬키니 4개
올리브유 2큰술
소금 · 후춧가루 약간씩

드레싱

올리브유 3큰술
레몬즙 1/2개분
간장 1큰술
마늘즙 1작은술
붉은 고추 1개
민트잎 약간

이렇게 만들어요

1 쥬키니는 깨끗하게 씻어서 필러를 이용해 슬라이스한다.

2 ①의 쥬키니를 찬물에 살짝 헹궈 물기를 뺀다.

3 민트잎은 다지고, 붉은 고추는 동글게 썬다.

4 프라이팬에 올리브유를 2큰술 두르고 쥬키니를 넣어서 볶다가 소금과 후춧가루를 넣어 간한다.

5 볼에 드레싱 재료를 넣어서 잘 섞는다.

6 ⑤의 드레싱에 쥬키니를 넣고 잘 섞은 다음 접시에 담아 낸다.

Cooking Tip

쥬키니는 깨끗하게 씻은 후 필러로 슬라이스한다.

series 10 · anything you have refrigerator · cook&cook series 10 · cook&cook · refrigerator · cook&cook series 10 · any

thing you have refrigerator · cook&cook series 10 · cook&cook · refrigerator · anything you have refrigerator · cook&cook

21

단호박치즈구이

_ 4인분

재료와 분량
단호박 1/2개
슬라이스 체다치즈 2장
피자치즈 50g
흰후춧가루 · 파슬리가루
약간씩

이렇게 만들어요

1 단호박은 씨를 제거하고 단호박의 모양을 유지한 채 (쪽배 모양) 3cm 폭으로 잘라준다. 치즈구이를 할 때는 겉껍질을 벗겨내지 말고 숟가락으로 떠 먹어야 치즈의 맛을 더욱 진하게 느낄 수 있다.

2 슬라이스 체다치즈는 굵게 다지고 피자치즈 역시 굵게 다진다.

3 오븐팬에 단호박 자른 것을 세운 다음 단호박 안쪽에 슬라이스 체다치즈와 피자 치즈를 적당히 올리고, 흰후춧가루와 파슬리 가루를 뿌린다.

4 200℃로 예열된 오븐에 ③을 넣어 20분 정도 익힌다. 단호박이 익고 치즈가 흘러내릴 정도로 구워낸다.

Cooking Tip
- -
단호박과 치즈는 궁합이 잘 맞는 식품 중 하나로, 치즈의 간이 알맞으므로 단호박에 따로 소금간을 하지 말아야 단맛과 간이 적당한 상태가 된다.

1 단호박은 손질하여 모양을 유지한 채 3cm 폭으로 자른다. **2** 단호박 안쪽에 굵게 다진 치즈를 적당히 올린다.

가지호박구이

_ 4인분

재료와 분량

가지 2개
애호박 1개
소금 약간
무순 20g

간장초 샐러드 드레싱

간장 2큰술
레몬식초 1큰술
설탕 1작은술
송송 썬 실파 1큰술
고운 고춧가루 1/2작은술
다시마 우린 물 2큰술
흰후춧가루 · 통깨 약간씩

이렇게 만들어요

1 가지와 애호박은 깨끗이 씻어서 7cm 길이, 1cm 두께로 썬 다음 소금을 솔솔 뿌려 살짝 재었다가 물기를 닦는다.

2 무순은 잡티를 없애고 씻어서 물기를 턴다.

3 간장초 샐러드 드레싱을 재료의 분량대로 섞어 만든다.

4 잘 달궈진 석쇠에 가지와 애호박을 올려 앞뒤로 살짝 굽는다.

5 접시에 가지와 애호박, 무순을 모양내서 담고 ③의 드레싱을 뿌려 상에 낸다.

Cooking tip

가지와 애호박은 적당한 크기와 두께로 썬 다음 고운 소금을 솔솔 뿌려서 살짝 재었다가, 가지와 애호박의 겉면에 물기가 배어 나오면 키친타월로 그 물기를 닦아낸 후 석쇠에 구우면 채소의 색이 선명하고 깔끔하다.

1 가지와 애호박을 썬 다음 소금을 솔솔 뿌린 후 물기를 닦는다. 2 잘 달궈진 석쇠에 가지와 애호박을 올려 앞뒤로 살짝 굽는다.

series 10 · anything you have refrigerator · cook&cook · cook&cook series 10 · anything you have refrigerator · cook&cook series 10 · any

25

부추양파
된장무침
_ 4인분

재료와 분량
부추 200g
양파 1/2개
붉은 고추 1개

양념장
된장 1½큰술
간장 · 다진 마늘 · 식초 ·
깨소금 · 참기름 1/2큰술씩
물엿 1큰술
고춧가루 1작은술

이렇게 만들어요

1 부추는 밑동을 손질한 뒤 씻어서 물기를 충분히 뺀 다음 3cm 길이로 썬다.

2 양파는 반으로 썰어서 다시 길이로 곱게 채 썬다.

3 ②의 양파는 물에 담가 매운맛을 뺀 다음 건져서 물기를 충분히 뺀다.

4 붉은 고추는 반으로 갈라서 씨를 털어낸 뒤 씻어서 채로 썬다.

5 볼에 양념 재료를 넣고 골고루 섞어 양념장을 만든다.

6 볼에 야채를 담은 뒤 ⑤의 양념장을 고루 뿌려 상에 낸다. 먹기 직전에 버무려 상에 내도 맛깔스럽다.

series 10 · anything you have refrigerator · cook&cook · cook&cook series 10 · cook&cook series 10 · anything you have refrigerator · cook&cook · any

26

오이간장다시마장아찌
_ 4인분

재료와 분량
오이 2개, 양파 1개, 소금 2작은술, 다시마 10cm
ⓐ **양념** | 간장 · 식초 3큰술씩, 설탕 2작은술
참기름 1작은술, 소금 약간

이렇게 만들어요

1 오이는 깨끗하게 씻어서 물기를 없애고, 3cm
길이로 썬 다음 다시 길이로 4등분한다. 이때 오
이 속씨는 말끔히 제거한다.

2 ①의 오이에 소금을 뿌려 10분 정도 절여두었
다가 물기를 뺀다. 양파도 3cm 길이로 썰어 준
비한다.

3 다시마는 껍질을 벗겨 반으로 썬 다음 다시 6등
분으로 나눈다. 다시마는 물에 씻은 뒤 마른 가제
로 물기를 닦는다. 가위를 이용하여 3cm 길이로
채 썬다.

4 볼에 ⓐ 양념을 넣어 잘 섞은 뒤 설탕이 녹도
록 잘 젓는다.

5 볼에 오이와 양파, 다시마를 넣은 뒤 ④의 양
념을 부어 30분 정도 절여두었다가 먹는다.

배추피클
_ 4인분

재료와 분량
배추 400g, 당근 1/2개, 붉은 고추 · 생강 1개씩
소금 · 샐러드유 1큰술씩, 라유 1/3큰술
촛물 | 설탕 $5\frac{1}{2}$큰술, 식초 80cc

이렇게 만들어요

1 배추는 줄기와 잎으로 나눈 다음 우선 큼직하
게 자른다.

2 ①의 줄기는 4cm 길이로 채 썰고, 잎은 한 입
크기로 먹기 좋게 썬다.

3 당근은 물에 씻어 4cm 길이, 1cm 폭으로 썬다.

4 볼에 배추와 당근을 넣은 뒤 소금을 뿌려서 절
여둔다.

5 생강은 껍질을 벗기고 고추와 함께 물에 씻은
뒤 채로 썬다.

6 냄비에 설탕과 식초를 넣고 설탕이 녹을 정도
로만 끓여서 식힌다.

7 ④의 채소는 망에 건져 물기를 뺀다.

8 그릇에 ⑦의 채소를 담고 ⑥의 촛물을 붓는다.
여기에 샐러드유와 라유를 섞어 넣은 뒤 일주일
정도 지난 후 먹는다.

콩나물냉채
_ 4인분

재료와 분량
햄 50g
오이 1개
콩나물 100g

냉채소스
간장 3큰술
물 3큰술
다진 마늘 3큰술
식초 2큰술
설탕 2큰술
라유 1큰술

이렇게 만들어요

1 콩나물은 머리와 꼬리를 떼어 손질한 뒤 끓는 물에 식초 1작은술을 넣고 데친다. 찬물에 헹궈 물기를 말끔히 뺀다.

2 오이는 소금으로 문질러 씻은 뒤 채 썰어 소금에 절여 두었다가 물에 한번 헹궈 물기를 꼭 짠다. 햄도 오이처럼 채 썬다.

3 볼에 분량의 재료를 넣고 골고루 섞어 냉채소스를 만든다.

4 큰 볼에 오이와 콩나물, 햄을 담은 뒤 냉채소스를 함께 넣고 살짝 무쳐 접시에 담는다.

1 끓는 물에 식초 1작은술을 넣는다. 2 ①에 손질한 콩나물을 넣고 알맞게 데친다.

야채어묵전 _ 4인분

재료와 분량
어묵 200g
당근 1/4개
피망 1/2개
표고버섯 2개
달걀 1개
밀가루 2큰술
소금 · 후춧가루 약간

이렇게 만들어요

1 어묵은 그냥 사용해도 좋지만 끓는 물에 살짝 데쳐 기름기를 제거한다.

2 당근과 피망은 물에 씻은 뒤 어묵과 같이 곱게 다진다.

3 표고버섯은 기둥을 떼어낸 뒤 물에 씻어 곱게 다진다.

4 볼에 곱게 다진 어묵과 채소를 넣은 뒤 밀가루를 함께 넣어 고루 섞는다. 여기에 달걀을 넣고 골고루 섞어 버무린 뒤 소금과 후춧가루로 간을 맞춘다.

5 프라이팬에 기름을 두른 뒤 반죽을 한 숟가락씩 떠 넣어 노릇하게 구워낸다.

Cooking Tip
어묵은 끓는 물에 살짝 데쳐 망에 건져놓아 기름기를 제거한다.

오이당근야채비빔밥

_ 4인분

재료와 분량

오이 1개
당근 1개
소금 약간
공기밥 4공기
곤약 100g
양상추 3장
샐러드유 약간

초고추장

고추장 2큰술
식초 2큰술
고춧가루 1작은술
설탕 1큰술
깨소금 1작은술
다진 마늘 1/2작은술
참기름 1/2큰술
사이다 1½큰술

이렇게 만들어요

1 곤약은 끓는 물에 데쳐서 찬물에 헹궈 물기를 뺀 후 채 썬다.

2 오이와 당근은 3cm 길이로, 0.5cm 너비로 납작하게 썰어서 소금에 절여 두었다가 건져서 찬물에 한 번 헹궈 물기를 꼭 짠다.

3 양상추는 깨끗하게 씻어서 물기를 뺀 후 채 썬다.

4 프라이팬에 기름을 두르고 오이를 넣어서 파랗게 볶아낸다. 오이를 꺼내고 당근을 넣어서 볶아내 식힌다.

5 초고추장 양념 재료를 잘 섞어서 양념장을 만든다.

6 그릇에 밥을 담고 준비한 채소들을 올려 담은 다음 초고추장을 얹어낸다.

1 오이는 납작하게 썰어 소금에 절였다가 찬물에 헹궈 물기를 꼭 짠다. 2 물기를 없앤 오이는 프라이팬에 기름을 두른 다음 넣어서 파랗게 볶는다.

series 10 · anything you have refrigerator · cook&cook series 10 · cook&cook · refrigerator · anything you have refrigerator · cook&cook series 10 · any

31

부추볶음
_ 4인분

재료와 분량
부추 80g
쇠고기 50g
양파 1/2개
붉은 고추 1개
소금 · 후춧가루 약간씩

고기 양념
간장 1/2큰술
설탕 · 다진 파 1작은술씩
다진 마늘 · 깨소금 ·
참기름 1/2작은술씩
후춧가루

이렇게 만들어요

1 부추는 깨끗이 다듬어 4cm 길이로 자른다.

2 쇠고기는 채 썰어 분량의 양념을 넣고 재어둔다.

3 양파는 채 썰고, 붉은 고추는 반으로 갈라 씨를 제거한 다음 4cm 길이로 채 썬다.

4 프라이팬에 기름을 두르고 ②의 쇠고기를 먼저 볶다가 양파를 넣어 볶는다.

5 다음으로 부추와 붉은 고추를 넣고 볶다가 소금과 후춧가루로 간한 뒤 고루 섞는다.

series 10 · anything you have refrigerator · cook&cook series 10 · cook&cook series 10 · anything you have refrigerator · cook&cook

32

부추전
_ 4인분

재료와 분량
부추 50g
맛조갯살 50g
새우 50g
붉은 고추 1개
밀가루 1/2컵
달걀 2개
식용유 · 소금 약간씩

이렇게 만들어요

1 부추는 3cm로 자른다. 고추는 씨를 빼고 채 썬다.

2 새우는 내장을 빼고 머리와 꼬리를 떼어 손질한 후 씻는다.

3 맛조갯살은 내장을 빼고 둘레의 검은 띠를 떼어낸다.

4 밀가루에 달걀과 물, 소금을 넣고 섞은 후 부추와 붉은 고추, 새우, 조갯살을 넣고 고루 젓는다.

5 팬에 기름을 적당히 두르고 열이 오르면 ④의 반죽을 넣어서 노릇노릇하게 부쳐 낸다.

Cooking Tip

뿌리 쪽의 하얀 껍질을 물에 담가놓은 채로 손으로 살살 비벼가며 씻으면 부추를 깨끗하게 손질할 수 있다. 그런 다음 가지런히 한데 모아잡고 흐르는 물에 살살 흔들어 씻어서 소쿠리에 걸쳐 담아 물기를 뺀다.

사과땅콩 식빵구이 _ 4인분

재료와 분량

식빵 4장
사과 1개
땅콩 30g
버터 2큰술
달걀 2개
우유 3/4컵
설탕 2큰술
계피가루 약간

이렇게 만들어요

1 식빵은 1.5cm 크기로 자른다.

2 사과는 껍질째로 깨끗하게 씻어서 물기를 닦은 후 1cm 각으로 썬다.

3 땅콩은 다진다(고소한 맛을 즐기려면 다지지 않고 사용한다).

4 볼에 달걀을 넣어 잘 푼 후 우유와 설탕을 넣고 섞는다.

5 ④에 식빵과 사과, 땅콩을 넣어서 잘 섞는다.

6 프라이팬에 버터를 두르고 ⑤를 넣어서 굽는다. 밑면이 노릇하게 색이 나면 뒤집어서 굽는다.

7 접시에 ⑥을 담고 계피가루와 설탕을 뿌려서 낸다.

series 10 · anything you have refrigerator · cook&cook series 10 · cook&cook · refrigerator · anything you have refrigerator · cook&cook series 10 · any

34

냉장고 속 재료 오래 두고 먹기

양배추 | 반을 잘라 랩을 씌우거나, 심을 빼고 물에 적신 키친타월을 안에 구겨 넣어 랩으로 싸서 보관한다.

양파 | 통째로 냉장고에 넣어 보관하는 방법과 반으로 갈라 랩을 씌워 보관하는 방법이 있다.

방울토마토 | 신문지에 싸서 채소 칸에 보관하거나 지퍼백에 넣어 공기를 잘 뺀 다음 보관한다.

뿌리 채소 | 흙을 잘 털어낸 뒤 신문지에 싸서 채소 칸에 보관한다. 손질을 한 경우라면 지퍼백에 넣어 공기를 잘 뺀 다음 보관한다.

파 | 랩에 싼 후 세워서 보관하거나 신문지에 싸서 채소 칸에 보관한다. 손질한 경우에는 물기를 잘 닦은 다음 밀폐용기에 넣어 보관한다.

당근 | 랩에 싸서 냉장실에 보관하거나 그냥 상온에 두어도 좋다.

무 | 반으로 나눠 신문지에 싼 다음 채소 칸에 보관한다. 아니면 같은 방법으로 지퍼백에 넣어 채소 칸에 보관한다.

오이 | 신문지에 싸서 채소 칸에 보관하거나 지퍼백에 넣고, 공기를 잘 빼서 보관한다.

삶은 감자 | 매시너로 으깬 감자를 알루미늄 트레이에 1cm 정도 두께로 깐 다음 1회분씩 나누어 놓는다. 꽁꽁 언 감자를 지퍼백에 담고 여분의 공기를 뺀 다음 냉동보관한다.

생선 | 비늘을 벗기고, 내장을 뺀 다음 지느러미를 떼어 밑손질을 한다. 알루미늄 트레이에 랩을 깔고 냉동시킨다. 지퍼백에 한 끼분씩 넣어 보관한다.

오징어 | 키친타월로 껍질을 잡고 벗기면 미끄러지지 않아 한꺼번에 벗겨진다. 잘 닦은 오징어를 알루미늄 트레이에 랩을 깔고, 잘 편 다음 얼린다. 반듯하게 얼린 오징어는 지퍼백에 넣어 냉동보관한다.

다시국물 | 멸치를 넣어 다시 국물을 낸 뒤 얼음 칸에 국물을 부어 냉동시킨다. 꽁꽁 얼어 있을 때 바로 지퍼백에 넣는다.

스테이크용 고기 | 적당한 크기로 썰고, 칼집을 낸 다음 소금을 뿌린다. 랩으로 싸서 냉동시킨 다음 꺼내서 쿠킹호일로 싼다. 쿠킹호일째 지퍼백에 넣으면 육즙이 빠져나오지 않아 맛있다.

깻잎고추찜 _ 4인분

재료와 분량
풋고추 10개
붉은 고추 4개
밀가루 1컵
물 1컵
깻잎 5~6장, 소금 약간

ⓐ **양념**
간장 2큰술
붉은 고추 다진 것 1큰술
다진 마늘 1작은술
다진 파 1작은술
깨소금 1/2큰술
참기름 1/2큰술
고춧가루 1작은술

이렇게 만들어요

1 풋고추와 붉은 고추는 어슷하게 썰어서 물에 헹구어 씨를 털어낸다.

2 깻잎은 한 장씩 씻어서 건져 물기를 뺀다.

3 밀가루는 체에 한 번 내려서 볼에 담고 물과 소금을 넣어서 잘 섞어 반죽한다.

4 ③에 고추 썬 것을 넣어서 잘 섞는다.

5 오목한 그릇에 깻잎을 깔고 ④의 반죽을 붓는다.

6 김이 오른 찜통에 ⑤를 넣어서 20분 정도 찐다.

7 ⓐ의 양념 재료를 넣어서 양념장을 만든다.

8 꼬치로 찔러서 반죽이 묻어나지 않으면 꺼내서 한김 식힌 후 먹기 좋게 썰어서 양념장과 같이 곁들여 낸다.

1 밀가루는 체에 한 번 내려 덩어리 지지 않도록 하여 볼에 담고 분량의 물과 소금을 넣어 고루 섞는다. 2 풋고추와 붉은 고추는 어슷하게 썰어 씨를 털어내고, 밀가루 반죽에 넣고 잘 섞어 준비한다. 3 오목한 그릇에 깻잎을 돌려 깔고, 그 위에 완성된 찜 반죽을 부어 김이 오른 찜통에 넣고 20분 정도 쪄낸다.

야채손말이초밥 _ 4인분

재료와 분량
김 5장
밥 3공기
단무지 100g
오이 1개
슬라이스 햄 4장
당근 100g
무순 30g
고추냉이 갠 것 2큰술

촛물
식초 3큰술
설탕 2큰술
소금 1작은술

이렇게 만들어요

1 볼에 촛물 재료를 넣고 고루 섞어 준비한다.

2 김은 불에 살짝 구워서 반으로 잘라 준비한다.

3 단무지와 오이, 당근, 햄은 6cm 길이로 채 썬다.

4 무순은 물에 씻어 물기를 빼놓는다.

5 밥을 지어 뜨거울 때 촛물을 넣고 잘 섞어서 초밥을 만든다.

6 준비한 김에 ⑤의 초밥을 반만 고루 펴고 고추냉이 갠 것을 바른다.

7 ⑥에 채 썰어 준비한 재료를 얹은 다음 고깔 모양으로 돌돌 만다.

8 돌돌 만 끝부분이 떨어지지 않도록 바닥 쪽으로 해서 그릇에 담아 낸다.

Cooking Tip
김은 많이 먹어도 잘 질리지 않는 식품이다. 겨울철에 특히 좋은 찬거리가 되며, 말린 김에 참기름이나 들기름을 발라서 구워 먹으면 밥 한 그릇을 쉽게 비울 수 있다. 김에는 비타민 A, B군이 풍부하게 들어 있어 비타민 공급원으로 중요하다. 단백질과 칼슘, 무기질의 함량도 높은 훌륭한 알칼리성 식품이다.

cook&cook · cook&cook series 10 · anything you have refrigerator · cook&cook series 10 · anything you have refrigerator · any

39

간단칩 _ 4인분

재료와 분량
고구마 2개
단호박 1/2개
연근 1/2개
샐러드유 적당량
식초 약간

이렇게 만들어요

1 고구마는 깨끗하게 씻어서 껍질째로 얄팍하게 썬 후 찬물에 담가 전분기를 뺀다.

2 연근은 껍질을 벗겨 얄팍하게 썰어서 식초를 넣은 물에 담가 색이 변하는 것을 방지한다.

3 단호박은 씨를 숟가락으로 빼내고 필러를 이용해서 얇게 썬다.

4 고구마와 연근은 키친타월에 싸두어 물기를 완전히 제거한다.

5 170℃의 기름에 고구마와 연근, 단호박을 넣어서 노릇하게 튀긴다.

6 노릇노릇하고 바삭하게 튀겨지면 건져서 키친타월 위에 올려두어 기름기를 뺀다.

7 고구마는 전자레인지를 이용하는 것도 좋다. 접시에 겹치지 않도록 놓은 후 전자레인지에 넣어서 3~5분 정도 익히면 기름기 없는 담백한 맛의 고구마 칩을 맛볼 수 있다.

1 고구마는 껍질째로 깨끗하게 씻어서 얄팍하게 썰어 찬물에 담가 전분 기를 뺀다.
2 단호박은 씨를 숟가락으로 빼내고 필러를 이용해서 얇게 썬다.

팽이버섯볶음 _ 4인분

재료와 분량
팽이버섯 2봉지
표고버섯 3개
양파 1/3개
당근 1/4개
빈스 50g
쇠고기 100g
다진 마늘 1작은술
식용유 약간
소금 · 후춧가루 약간씩

쇠고기 양념 재료
간장 1큰술, 설탕 1/2큰술
다진 마늘 1/2큰술
깨소금 1/2큰술, 참기름 1/2큰술

이렇게 만들어요

1 팽이버섯은 뿌리를 잘라낸 다음 씻고, 표고버섯은 뒷기둥을 떼어내고 채 썰어 간장, 설탕으로 양념한다.

2 쇠고기는 채 썰어 분량의 재료로 양념한다.

3 양파와 당근은 채 썰고, 빈스는 끓는 물에 소금을 넣고 데쳐 물기를 짠다. 4cm 길이로 잘라 준비한다.

4 팬에 기름을 둘러 가열한 다음 양념한 고기를 볶다가 다진 마늘과 양파, 당근과 표고버섯을 넣고 함께 볶는다.

5 마지막으로 빈스와 팽이버섯을 넣고 잠깐 볶아낸다. 소금과 후춧가루로 간한다.

프랑크소시지
감자볶음
_ 4인분

재료와 분량

프랑크소시지 2개

감자 1개

피망 1개

양파 1/3개

소금 · 버터 · 후춧가루

이렇게 만들어요

1 감자와 양파는 5cm 길이로 채 썬다.

2 피망은 씨를 털어낸 뒤 채 썬다.

3 프랑크소시지는 끓는 물에 살짝 데쳐 반으로 잘라 저며 썬다.

4 팬에 버터를 조금씩 넣고 ①을 넣어 볶는다.

5 감자가 어느 정도 익으면 ②와 ③을 넣고 소금과 후춧가루로 간한다.

series 10 · anything you have refrigerator · cook&cook series 10 · cook&cook · anything you have refrigerator · cook&cook series 10 · anything you have refrigerator · cook&cook

43

사과피망꼬치와 귤소스

_ 4인분

재료와 분량
사과 2개
(브라운슈거 1/2큰술)
피망 2개
방울토마토 8개
꼬치 8개

귤소스
귤즙 2/3컵
설탕 1큰술
물녹말 1작은술

이렇게 만들어요

1 사과는 껍질을 벗겨 한 입 크기로 썰어서 설탕에 재어둔다.

2 피망도 한 입 크기로 썰어 준비한다.

3 방울토마토는 꼭지를 떼고 깨끗이 씻어서 물기를 없앤다.

4 꼬치에 사과와 피망, 방울토마토를 보기 좋게 끼운 다음 그릴에 호일을 깔고 넣어서 5분 정도 굽는다.

5 냄비에 귤즙과 설탕을 넣고 끓이다가 물녹말을 넣어 걸쭉하게 귤소스를 만든다.

6 구운 꼬치에 귤소스를 곁들여 낸다.

Cooking Tip

피망은 손질하는 방법이 쉽다. 꼭지와 씨를 도려내는 것이 기본인데, 볶음 요리에 사용되는 피망은 길게 반으로 잘라 엇갈리도록 큼직하게 써는 것이 먹음직스럽게 보인다. 대신 샐러드에 사용할 때는 피망의 예쁜 모양을 살려서 동글게 썬다.

series 10 · anything you have refrigerator · cook&cook · cook&cook series 10 · anything you have refrigerator · cook&cook series 10 · any

45

과일꼬치펀치
_ 4인분

재료와 분량

여러 가지 과일
(바나나 · 키위 · 오렌지 ·
수박 · 포도 등) 약간씩
매실시럽 4큰술
물 4컵
매실시럽 얼음
(물 1컵, 매실시럽 1큰술)

이렇게 만들어요

1 수박은 속을 파내어 둥글게 모양을 낸다.

2 바나나, 키위, 오렌지는 한 입 크기로 자른다.

3 포도는 알알이 떼어 깨끗이 씻어놓는다.

4 매실시럽과 물을 섞어 얼려 매실시럽 얼음을 준비해 놓는다.

5 투명한 유리 볼에 매실시럽 4큰술과 물 4컵을 넣고 섞어서 펀치 용액을 만든 다음 냉장고에 차게 넣어 둔다. 얼음에도 시럽이 들어 있어 단맛이 강해질 수 있으므로, 얼음이 녹을 때를 생각해서 너무 달지 않게 펀치 기본 용액을 만든다.

6 꼬치에 포도, 수박, 키위, 오렌지, 바나나를 차례차례 끼운다.

7 유리 그릇에 펀치 용액을 담고 매실시럽 얼음을 띄운 다음, 과일 꼬치를 꽂아 낸다.

cook&cook · anything you have refrigerator · cook&cook series 10 · cook&cook series 10 · anything you have refrigerator · cook&cook series 10 · any

47